Gert Wiescher

BLITZKURS
ZEITSCHRIFTENGESTALTUNG
Zeitschriften gestalten wie ein Profi

Veröffentlicht im
Systhema Verlag, Frankfurter Ring 224, München
© 1992 Gert Wiescher
ISBN: 3-89390-943-5
Gestaltung: CCW-Wiescher,
Ismaninger Str. 71a, München
Gesetzt aus der New Baskerville 10/15'
und der Franklin Gothic Demi
Druck: Druckerei Kösel, Kempten
Printed in Germany

INHALTSVERZEICHNIS

GESTALTUNGSSTRUKTUREN

Einleitung

Über mich

Wahrscheinlich war mein Vater der einzige konfessionslose Kirchenmaler, den es je gab. Leider hat er, bis auf mich, keine großen Meisterwerke hinterlassen!

Ohne Schaden zu nehmen, habe ich mich durch Kindheit und Schule gemogelt. Mit vierzehn bin ich zum erstenmal nach Paris durchgebrannt, der Kunst zuliebe. Mit achtzehn Jahren war ich schon zum Porträtisten auf dem »Place du Têrtre« am Montmatre avanciert. Ich lernte einige große Kollegen kennen, wie Salvadore Dali und Bernard Buffet. Keiner nahm besonders viel Notiz von mir!

Irgendwann habe ich ein Grafikstudium an der HdK in Berlin eingeschoben. Während des Studiums hatte ich meine Op-Art-Periode, und ich betrieb einen Posterverlag.

Ich reiste dann sehr viel. Paris, Barcelona, Johannesburg. Überall arbeitete ich in Werbeagenturen. Von allen möglichen Inseln, von Mauritius vor dem Tourismus bis Madagascar nach der Revolution, gibt es kaum eine Insel auf der südlichen Halbkugel, die ich nicht heimgesucht hätte. In jenen Jahren habe ich aus so ziemlich jeder Produktgruppe einen Kunden betreut. Von A wie Agfa bis Z wie ZF-Getriebe gab es fast keine Produktgruppe, die ich nicht grafisch bzw. werblich betreut hätte. Ich war und bin eigentlich ein richtiger »Hansdampf der Gestaltung«.

Manche finden, daß man sich spezialisieren muß, um ein guter Grafiker zu werden. Andere finden, man muß einen ausgeprägten Stil kultivieren, um ein guter Grafiker zu sein. Ich finde, man muß sich flexibel der Zeit, dem Kunden und der jeweiligen Aufgabe stellen, um ein guter Grafiker zu sein. Sollte ich nicht recht haben? Ich finde es sowieso wichtiger, mit meiner Frau glücklich zu sein und mit meinen Söhnen zu spielen, als mich mit Besserwissern rumzustreiten. Sollen sie doch ruhig recht haben!

Irgendwann kam ich im Urlaub nach München, ich bin einfach dageblieben. Irgendwann kam ich auf meinen ersten Mac. Seitdem schreibe ich neben der normalen Arbeit auch noch Bücher und Artikel über Gestaltung.

Seit einiger Zeit habe ich nun wieder ein Büro für Werbung und Gestaltung in München. Wir arbeiten für alle möglichen und unmöglichen Kunden. Außer Zeitschriften machen wir Grafik, Illustration, Gestaltung, Werbe- und Marketingberatung, Laden- und Messegestaltung und vieles mehr. Wir versuchen, das meiste mit dem Computer zu erledigen, das geht besser und schneller als von Hand. Meistens!

Warum es dieses Buch gibt

Seit der Erfindung des DTP (Desktop Publishing) ist es für jedermann möglich geworden, Zeitschriften zu Hause auf dem Küchentisch zu erstellen. Die meisten Menschen, die sich nun daranwagen, haben aber nicht die handwerklichen Voraussetzungen für diese Aufgabe.

Ich möchte mich in diesem Buch bemühen, allen »Nichtfachleuten« wenigstens die wichtigsten Grundlagen, die zur Erledigung dieser Aufgabe notwendig sind, zu geben.

Es ist nicht damit getan, ein paar Texte möglichst seitenfüllend in einem Stapel zusammengehefteten Papiers zu verteilen. Diese Artikel wollen zu Gruppen zusammengefaßt werden, sollten so strukturiert sein, daß sie leicht zu erfassen sind, und zu guter Letzt sollte das alles auch noch gut aussehen.

Wie man eine Zeitschrift strukturiert, wie man einen einzelnen Artikel strukturiert, und vor allem, welchen man wie strukturiert und warum, das will ich versuchen, hier einigermaßen zu erläutern.

Ich kann in einem so kleinen Büchlein natürlich nicht sehr in die Tiefe gehen. Leider!

GRUNDSÄTZLICHES

LERNEN SIE VON DER »GROSSEN« KONKURRENZ

Als Kind lernt man von den Eltern, vom großen Bruder oder von Lehrern. Das sind alles Instanzen, die mehr wissen als man selbst. Deshalb ist es doch eigentlich logisch, daß man als angehender Zeitschriftengestalter von der etablierten, erfahrenen Konkurrenz am meisten lernen kann.

Aber was soll man da eigentlich lernen, man weiß ja garnicht, wonach man suchen soll. Nun, das will ich Ihnen in diesem Buch gern zeigen. Ich kann aber nur Ihre Aufmerksamkeit auf bestimmte Mechanismen lenken. Wie diese von den Profis in den Verlagen umgesetzt werden, das müssen Sie schon selbst erkennen.

Nehmen wir z.B. das Inhaltsverzeichnis! Wenn man zehn verschiedene Zeitschriften betrachtet, dann findet man mit Garantie zehn verschiedene. Klatschzeitschriften operieren da mit Bildern von »Persönlichkeiten«, während Wirtschaftsmagazine eher zurückhaltend nur auf die reine Textinformation setzen.

Am ähnlichsten sehen sich immer die Inhaltsverzeichnisse einer Zeitschriftengattung. Also politische Magazine bauen ihre Verzeichnisse ähnlich auf, haben sie doch die gleiche Information zu verkaufen wie der

Konkurrent. Oftmals wird aber auch schlicht und ergreifend die Erscheinungsform des Konkurrenten gekupfert. Diese »Gestaltungsmethode« ist in diesem Gewerbe ja sowieso an der Tagesordnung. Angefangen beim Layout, über die Inhalte, bis hin zu den Fotos und der Titelgestaltung wird geklaut, was das Zeug hält.

Wer kupfert, beweist eigentlich nur, daß ihm selbst nichts einfällt! Wenn Sie schon kupfern, dann tun Sie es möglichst so, daß es niemand merkt! Wenn Sie das schaffen, dann heißt das doch, daß Sie sich Mühe geben etwas »eigenes« zu gestalten. Außerdem, wenn's wirklich nicht als gekupfert zu erkennen ist, dann ist es entweder eine Weiterentwicklung oder eine Verbesserung der eigentlichen Idee. Das kann man schon als eigene Schöpfung bezeichnen. Aus so manchem guten Kupferer ist schon ein Top-Gestalter geworden!

Merke: Besser gut gekupfert, als schlecht selbstgemacht!

Time, Juni 1992
Art Director:
Rudolph C. Hoglund

Marie Claire, Juni 1992 (D)
Art Director:
Daniele Costa

Schöner Wohnen, Juni 1992
Cheflayouter:
Claus Wesselhöft

SCHRIFT IM ALLGEMEINEN

Freestyle

Jede Schrifttype ist eine kleine Persönlichkeit. Setzt man einen Text in verschiedenen Schriften, dann macht der Text jedesmal einen anderen Eindruck, allein durch die Wahl der Schrift. Also sollte man versuchen, zu einem Text die Schrift zu wählen, die zu ihm paßt.

Ein zynischer journalistischer Stil wird durch eine elegante Schreibschrift höchstwahrscheinlich seine Bissigkeit verlieren. Kleider machen eben Leute, auch beim Text.

Formata

Zeitschriftendesign ist das gedruckte Spiel von Hell/Dunkel- und Laut/Leise-Kontrasten. Der Kontrast »Grotesk« für Headlines und »Antiqua« für den Fließtext ist meistens ganz brauchbar.

Garamond

Antiqua-Schriften sind besser zu lesen als Grotesk-Schriften. Das Auge wird durch die Serifen besser geführt. Die Formen der Einzelbuchstaben einer Antiqua-Schrift sind besser zu unterscheiden als die einer Grotesk und sie bilden daher individuellere Wortbilder. Ein Wort, das in einer »Antiqua«

NEW YORKER

gesetzt ist, hat mehr Haltepunkte fürs Auge!

BROTSCHRIFT IM BESONDEREN

Der Ausdruck »Brotschrift« wird im grafischen Gewerbe für die Schrift benutzt, aus der der eigentliche Text gesetzt ist. Brotschrift darf man wörtlich nehmen, denn früher haben die Setzer damit ihr Brot verdient. Bleisatzschriften waren nicht gerade billig, und ewig gehalten haben sie auch nicht. Eine gute Brotschrift mußte bei jeder passenden Gelegenheit eingesetzt werden können. Die bekannteste Brotschrift ist mit Sicherheit die »Times«.

Ein guter Rat von mir: Diskutieren Sie nie mit Zeitungsmachern oder Journalisten über Gestaltung. Diese ansonsten hochinteressanten Menschen wissen von zuviel zu wenig, und speziell über Gestaltung wissen sie von allem so gut wie gar nichts.

Ich habe im Laufe der Jahre für bestimmte Brotschriften meine kleinen Vorlieben entwickelt. Caslon, Garamond, Galliard, New Baskerville haben alle mehr Eigenständigkeit als Times. Selbst die von der Times abgeleitete Sabon ist knackiger. Trotzdem, Times muß sein. Man kann eben selbst Times so oder so verwenden!

Was für die wirklich zum Arbeitstier heruntergekommene Times gilt, das gilt noch viel mehr für die überstrapazierte Helvetica. Die Helvetica läßt sich in den meisten

Fällen durch viele bessere, lesbarere und elegantere Schriften ersetzen.

Akzidenz Grotesk: Dies ist Blindtext. Er ist nur dazu da, um zu zeigen, welchen Eindruck der endgültige Text einmal

Formata: Dies ist Blindtext. Er ist nur dazu da, um zu zeigen, welchen Eindruck der endgültige Text einmal machen wird.

Franklin Gothic: Dies ist Blindtext. Er ist nur dazu da, um zu zeigen, welchen Eindruck der endgültige Text einmal

Frutiger: Dies ist Blindtext. Er ist nur dazu da, um zu zeigen, welchen Eindruck der endgültige Text einmal

Futura: Dies ist Blindtext. Er ist nur dazu da, um zu zeigen, welchen Eindruck der endgültige Text einmal machen wird.

Imago: Dies ist Blindtext. Er ist nur dazu da, um zu zeigen, welchen Eindruck der endgültige Text einmal machen wird.

Diese Liste ließe sich noch eine Weile fortsetzen!

GEDANKEN ÜBER DESIGN

Zeitschriftengestaltung basiert auf der Kenntnis einiger Handwerksberufe, die man bisher lernen mußte. Leider versuchen viele DTPler, ohne diese »Grundausrüstung« auszukommen. Wenn man die gestalterischen und handwerklichen Grundbegriffe aber nicht beherrscht, kann man einfach zu wenig, um selbst einfache Aufgaben vernünftig zu lösen.

Man kann auf dem handwerklichen Gerüst einer Grundausbildung aufbauen und mit ein bißchen Begabung immer kompliziertere Aufgaben anpacken. Gestaltung ist ein komplizierter Vorgang, und je mehr man über die technische Seite weiß, um so mehr kann man sich auf die kreative Seite konzentrieren.

Man darf nie vergessen, daß Gestaltung etwas mit Kreativität zu tun hat, sonst degradiert man sich zum reinen Handwerker.

Kommunikationsabläufe müssen zwar beachtet, aber immer wieder in Frage gestellt werden. Ich möchte dazu ein Beispiel geben: Die normale und gelernte Kommunikationsstruktur eines Zeitschriftenartikels besteht aus der Headline, dem Einlauftext und dem anschließenden Fließ-

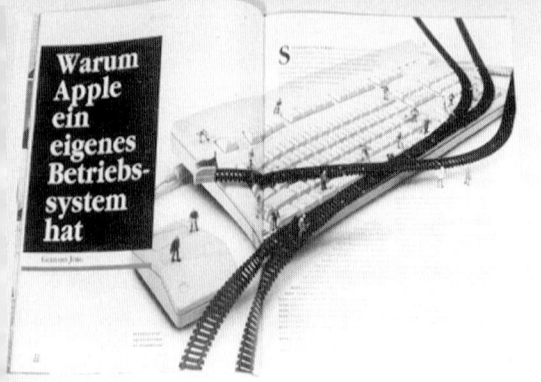

Apple Age, Frühjahr 90

text. Die Bilder sollten möglichst textbezogen eingefügt sein, die Bildunterschrift auch tatsächlich unter dem Bild stehen. So oder so ähnlich ist jeder Artikel in einer Zeitschrift aufgebaut.

Aber! Muß die Überschrift auch tatsächlich immer räumlich über dem Text stehen? Muß das Bild an der passenden Textstelle stehen? Muß der Einlauftext räumlich vor den Fließtext plaziert werden?

Gestaltung ist eine die Gefühle ansprechende Kunst, wie etwa Musik oder Malerei. Ein Text, der über die Blumenvielfalt auf bayerischen Wiesen vor sich hinträumt, muß anders aussehen als ein Text, der über den Grand Prix von Monte Carlo im Kreis herumrast.

Apple Age, Frühjahr 92

DAS GROBLAYOUT

Bevor man sich an die Umsetzung mittels des Computers macht, sollte man schon ziemlich genau wissen, wie das Endprodukt Zeitschrift mit seinen 60 bis 240 Seiten aussehen soll. Wo stehen die Anzeigen, da gibt es immer Plazierungswünsche der Kunden zu berücksichtigen. Auf welcher Seite fängt der Artikel XY an? Wo entstehen eventuell Löcher, die man mit irgendeinem Text stopfen muß?

Zumindest den Grobentwurf sollte man von Hand mit Bleistift und Papier machen. Ich lasse mir dazu, weil ich jegliche unnötige Arbeit vermeide, die Miniseiten mit dem Grundraster vom Programm ausdrucken. Dann werden zuerst die »festen« Seiten bestimmt und gleich skizziert. Feste Seiten sind z.B. Anzeigenseiten mit Plazierungswunsch, Titel, Rückseite, die beiden Innentitel, Inhaltsverzeichnis, die Rezepteseite oder vielleicht die »Seite 13«, die Sie bestimmt aus dem »Stern« kennen.

Leser haben feste Gewohnheiten und erwarten einfach bestimmte Seiten immer wieder genau da zu finden, wo sie es gewohnt sind. Änderungen sind ein Kündigungsgrund. Ein verlorener Abonnent ist das größte Unglück, das einem als Zeitschriftenmacher zustoßen kann.

Als nächstes werden die »Hauptstrecken« festgelegt. Mit Hauptstrecken sind die wichtigsten Artikel gemeint, die innerhalb des Heftes die besten Plätze zugeteilt bekommen. Der wichtigste Artikel bekommt natürlich den ersten Platz, gleich nach dem Inhaltsverzeichnis.

Ziemlich weit hinten im Heft, sozusagen um kurz vor Schluß noch einmal ein besonderes Häppchen zu verteilen, wird z.B. der Magazinteil untergebracht.

Wenn man nun die Hauptstrecken verteilt und grob skizziert hat, dann geht's an den Rest. Es entsteht ein hartes Ringen um die besten verbleibenden Plätze. Jeder Redakteur versucht für sein »Baby« einen Platz an der Sonne zu ergattern.

Wie so ein skizziertes Heft aussieht, das können Sie in der Abbildung nebenan genau sehen. Machen Sie sich keine Sorgen, man muß dazu nicht besonders gut zeichnen können. Wenn man keinen Menschen malen kann, dann reicht es vollkommen, einfach ein Ei hinzumalen! Diese kleinen Skizzen sollen wirklich nur einen groben Überblick über das Heft geben, nach dem man sich anschließend bei der Umsetzung richten kann oder auch nicht.

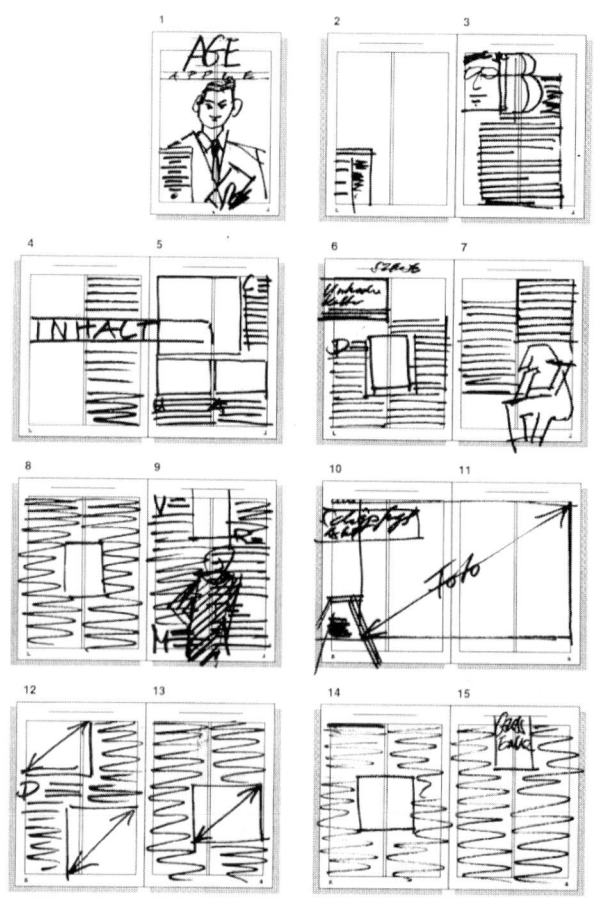

Skizzen für Apple Age September 1989

21

DIE TEILE DES HEFTES

DIE TITELSEITE, EIN KLEINPLAKAT

Das beste Werbemittel für eine Zeitschrift ist seine Titelseite. Deshalb sollte man diese Seite immer so gestalten, daß sie wie ein kleines Plakat wirkt. Ein guter Trick ist, daß man zuerst das Plakat entwirft, das für die Zeischrift als zusätzliches Werbemittel eingesetzt werden soll und danach erst den Titel gestaltet.

Es gibt Erfahrungswerte großer Magazine, die mit guten Titelseiten mehrere hunderttausend Exemplare mehr verkaufen als mit schlechten. Bei einem Verkaufspreis von 8,- DM ist das viel Geld. Aber woher weiß man, ob eine Titelseite gut oder schlecht ist?

Sicher ist nur folgendes: Wenn eine Frau drauf ist – zumal eine nackte –, dann ist der Erfolg größer, als wenn irgend etwas anderes abgebildet ist.

Das trifft aber nur zu, wenn es sich nicht um eine ausgesprochen zielgruppengerichtete Zeitschrift handelt, also z. B. das Vereinsblatt der Taubenzüchter.

Stern, August 48

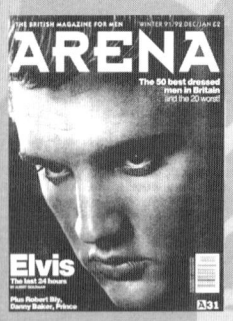

Arena, Winter 91/92
Art Director:
Robin Derrick

Tempo, Juni 1992
Art Director:
Bettina Janietz

The Saturday Evening Post, Mai 1916 Norman Rockwell

New York, 1922 El Lissitzky

Scope, 1954 Art Director: Will Burtin

McCalls, 197 Art Director: Alvin Grossm

Interview, Juni 1992 Art Director: Richard Pandiscio

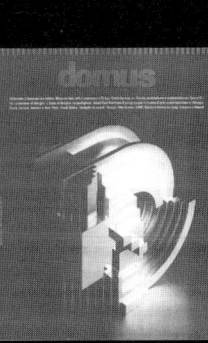

domus, Juni 1992 Art Director: Guiseppe Basile

PREISAUSZEICHNUNG, ERSCHEINUNGSDATUM UND -NUMMER SIND WICHTIGE INFORMATIONEN

Ausgabedatum, die Heftnummer und Preis sollten gut sichtbar auf der Titelseite stehen. Wenn das Heft in mehreren Ländern verkauft werden soll, dann sollte der Verkaufspreis für jedes Land in der entsprechenden Währung angegeben werden. Eine gute und praktikable Lösung für sehr viele unterschiedliche Preise findet man auf dem »Time«-Magazin. Die anderen Standardangaben sind nicht so kritisch, denn sie stehen immer nur einmal auf jedem Heft. Die Heftnummer ist eigentlich nur interessant für Sammler und die Käufer, die das Heft in unregelmäßigen Abständen kaufen. Das Datum ist meistens das Erscheinungsdatum. Es wird aber manchmal auch das Enddatum angegeben, d.h. bis wann das Heft gilt. Es gibt wichtige postalische Bestimmungen, wenn das Heft verschickt werden soll. Die Post hat äußerst komplizierte Bestimmungen! Ich rate dringend, sich ganz genau bei dem für Sie zuständigen Postamt zu erkundigen.

Lire, Juni 1992
Art Director:
Guillaume Marcilhacy

VOGUE

PARIS

DER TITELSCHRIFTZUG
PRÄGT DAS IMAGE

Ein Schriftzug entscheidet über Erfolg oder Mißerfolg
einer Zeitschrift. Zwar gibt es auch hier Ausnahmen, aber
die gibt es immer. Der Schriftzug muß gegen Hunderte
anderer Schriftzüge bestehen.

Wenn für eine Zeitschrift ein derart leichtverständliches
Zeichen möglich ist wie für den »Stern«, dann ist eine Marke
auf jeden Fall zu empfehlen. Aber schon das laufende
Männchen von »Tempo« benötigt einige Penetration, um
mit dem Titel Tempo in Verbindung gebracht zu werden.

marie claire

Esquire

Zugegeben, das ist auch noch eins der besseren Beispiele. Wenn der
Titel kein Zeichen zuläßt, das ohne Umwege, ohne Erklä-
rungen oder ohne lange Marktpenetration sofort zu ver-
stehen und zu assoziieren ist, dann sollte man die Finger
davon lassen.

SCHÖNER WOHNEN

Ich gehe ab und zu in die internationale Bahnhofs-
buchhandlung und kaufe mir ein paar Zeitschriften. Wenn
die Zeitschriften, die ich suche, nicht an derselben Stel-

GLOBO

25

PAGE

TIME

le stehen wie gewöhnlich, dann habe ich die allergrößten Probleme, meine vier oder fünf Hefte zu orten. Aber selbst wenn ich genau weiß, in welcher Ecke ich suchen muß, finde ich meine Lieblinge nicht sofort.

*Eine sehr plakative Time-Titelseite,
hier noch mit dem alten Schriftzug.*

Für mich ist das ein eindeutiger Beweis dafür, daß ein Titelschriftzug nicht unbedingt noch lauter oder bunter oder größer sein muß, sondern er muß anders sein als die anderen. Titelschriftzüge müssen »antizyklisch« gestaltet werden, immer gegen den allgemeinen Trend. Das gilt übrigens nicht nur für Titelschriftzüge!

DER UNTERTITEL ERLÄUTERT DAS ZIEL

Der Untertitel ist der am wenigsten gelesene Text einer Zeitschrift. Diese Zeile ist aber zugleich die überbewertetste und wahrscheinlich am teuersten bezahlte Zeile des ganzen Heftes. Zeitungsmacher haben sich in die Idee verrannt, ein Magazin könne ohne Unterzeile nicht auf dem Markt bestehen, daß sie die unglaublichsten Anstrengungen unternehmen, um neue, alles und nichts beschreibende Aussagen zu erfinden. Wenn sich die Unterzeile nicht von selbst buchstäblich aufdrängt, dann sollte man lieber ganz auf sie verzichten. Es ist so wie beim Zeichen auch: Wenn man es erst lange erklären muß, dann taugt es nichts.

Merke: Wenn der Zeitschriftentitel und die Gestaltung der Titelseite die Botschaft nicht rüberbringen, dann hilft selbst die cleverste Unterzeile nichts mehr.

Aber keine Sorge, auch Sie werden bei Ihrer täglichen Arbeit mit Redakteuren und Verlegern nicht darum herumkommen, eine Unterzeile mit einzuplanen.

Esquire, Juni 1992
Art Director:
Rhonda Rubinstein

Vogue, Juni 1992
Art Director:
Antoine Kieffer

Panorama, Juni 1992
Art Director:
Miguel Porres

AUSZÜGE AUS DEM INHALT HELFEN VERKAUFEN

Am Kiosk liegen die Hefte »geschuppt« übereinander. Einerseits liegen sie so, weil sie so weniger Platz brauchen, und andererseits, weil sie so nicht so leicht wegfliegen, wenn's windig ist. Man sieht also immer nur ungefähr das linke Drittel einer Zeitschrift. Das ist übrigens auch der Grund, weshalb immer mehr Titel links oben ein Zeichen oder ihren Schriftzug haben. Deshalb sollten auf dem unteren linken Drittel der Titelseite einige Überschriften aus dem Inhalt abgedruckt werden.

Das Verlangen des Spontankäufers wird damit geweckt. Der Stammkäufer wird in seinem Entschluß bestärkt, daß er das Heft auch diese Woche wieder kaufen muß. Darum nimmt man Überschriften auf die Titelseite, die möglichst »heiß« sind. Welche Themen auf den Titel kommen, bestimmt der Chef persönlich. Es ist eine seiner wichtigsten Aufgaben, denn die richtige Themenauswahl entscheidet über den Verkauf des Heftes am Kiosk.

Es ist allgemein noch ein neuer Trend in der Titelgestaltung zu verzeichnen: die Wiederholung des Titelschriftzuges in der Senkrechten. Das hat den Vorteil, daß der Schriftzug am Kiosk auf alle Fälle sichtbar wird. Es gibt sogar Titel, die ausschließlich einen senkrechten Schriftzug am linken Rand haben. Mich erinnert das immer an die Leuchtreklame französischer Bahnhofshotels. Bei denen funktioniert das, also kann's bei Zeitschriften nicht so falsch sein.

Forbes, Juni 1992
Art Director:
Horst Moser

MacWorld, Juni 1992
Art Director:
Joanne Hoffman

Arena, Juni 1992
Art Director:
Robin Derrick

KÄSEECKEN ERREGEN AUFMERKSAMKEIT

Diese Ecken sind bei vielen Magazinen so ähnlich gestaltet wie die kleinen Käseecken aus dem Supermarkt. Deshalb nenne ich sie so! Die Dinger haben die komischsten Namen, einleuchtend scheint mir noch, sie »Blinker« zu nennen.

Sports, Juni 1992
Art Director:
Detlef Schlottmann

In der Regel sind sie auf der Titelseite rechts unten in Rot-Gelb-Schwarz-Kombinationen angebracht. Sie werden eingesetzt, um auf ein besonders interessantes oder aktuelles Thema hinzuweisen.

Die Käseecke hat viele Erscheinungsformen, die nicht immer nur eine Ecke sein muß. Auch Banderolen sind eigentlich nichts anderes als Käseecken im Schafspelz. »Time« hat z. B. seine Käseecke nach oben über die Titelzeile gesetzt. Bei manchen Magazinen sind die Käseecken links im allgemeinen Leitartikelwirrwarr versteckt.

Man sollte es nicht glauben, aber ich habe schon Zeitschriften gesehen, die auf allen vier Ecken eine Käseecke hatten. Das sah noch nicht mal schlecht aus. Im allgemeinen sollte man's aber nicht übertreiben.

DER RÜCKTITEL GEHÖRT MEISTENS DER WERBUNG

Über den Rücktitel braucht man sich in der Regel keine Gedanken zu machen, da er in 99 von 100 Fällen mit einer Anzeige belegt wird.

Für die Ausnahmen empfehle ich:

Das Titelfoto hinten zu wiederholen.

Das Titelfoto hinten weiterlaufen zu lassen.

Das Titelfoto nochmals von »hinten« zu fotografieren.

Das Titelfoto hinten negativ zu drucken.

Die ganze Titelseite hinten identisch zu wiederholen.

Einfach »Ende« draufzudrucken.

Sich was tolles Neues einfallen zu lassen. Oder?

Apple Live, Oktober 1991

31

editor's letter

DAS EDITORIAL IST DAS »GEWISSEN« EINER ZEITSCHRIFT

Das Editorial ist eigentlich die Seite des Verlegers, da muß er seine Meinung kundtun. Als Editorial wird aber heute auch die Seite des Chefredakteurs bezeichnet. Welcher Verleger hat denn noch die Zeit, selbst zu schreiben?

Das Editorial ist auf jeden Fall etwas Besonderes. So sollte es auch gestaltet werden. Oft ziert ein Foto und die Unterschrift des Chefs diese Seite. So sehen diese Seiten immer sehr edel aus. Meistens wird ein kleinerer Satzspiegel verwendet als im übrigen Heft, mehr Durchschuß wird auch genommen. So muß der Chef nicht allzuviel schreiben. Die Editorialseite ist richtig was für Ästheten.

Apple Age, Herbst 1990

Marie Claire, Juni 1992

EDITOR'S DESK

FROM THE PUBLISHER

DAS INHALTSVERZEICHNIS HILFT FINDEN

Die einfachste Strukturierung eines Inhaltsverzeichnisses ist von der ersten bis zur letzten Seite in Reihe. Das ist aber nicht besonders praktisch, denn man findet auf diese Art schlecht den Artikel, den man sucht. Wenn man ein Heft vor seinem geistigen Auge sinnvoll gruppiert, dann zerfällt es meist in logisch zusammenhängende Teile. Zum Beispiel die Rubriken, die man am allerleichtesten zuordnen kann, wären eine Gruppe. Dann haben die meisten Hefte einen sogenannten aktuellen Teil – das wäre die zweite Gruppe, die man im Griff hat.

Time, Juni 1992

Es gibt viele Möglichkeiten zu gruppieren. Man muß nur nach der Thematik des jeweiligen Heftes vorgehen. Ein internationales Reise-Magazin wird vielleicht sein Inhaltsverzeichnis nach den einzelnen Kontinenten gliedern. Eine Ärztezeitschrift nach Krankheitsgruppen, eine Sportzeitschrift nach Sportarten usw. Eine gute Gliederung erkennt man schnell. Stichworte, die man sich merken sollte, sind »logische Gruppenbildung« und »Interessengemeinschaften«.

Um schon im Inhaltsverzeichnis den Leser auf den Geschmack zu bringen, gibt es die verschiedensten Reizmittel. Man kann natürlich die Leitartikel mit einer größeren Schrift hervorheben. Mit verkleinerten Darstellungen der Aufmacherfotos oder Ausschnitten dieser Fotos, reizt man den Leser zusätzlich. Ich finde, man sollte nicht das ganze Foto zeigen, sonst verschenkt man den Knalleffekt. Ich benutze lieber nur einen Teil oder eine andere Version des Aufmacherfotos für das Inhaltsverzeichnis. Mit einem kurzen Text, der das Thema umreißt und einen kleinen Einblick gibt, um was es sich dreht, gibt man dem Leser noch einen zusätzlichen Anstoß.

Ich verwende auch gerne kleine Zeichen, die den Artikel symbolisieren. Mit diesen Zeichen kann man längere Strecken,

Marie Claire (D), Juni 1992

die ein Thema behandeln, als zusammengehörig kennzeichnen. Wenn der Leser dann beim Blättern dieses Symbol sieht, wird er wieder an die Thematik erinnert. Aber man sollte nicht zu viele Zeichen in einem Heft verwenden, sonst ist das Heft sehr schnell mit Zeichen übersät. Dem Leser sind sie dann keine Hilfe mehr.

DAS IMPRESSUM IST PFLICHT

Es gibt Dinge, die aus Gründen des Presserechts unbedingt ins Impressum müssen. Das Impressum ist ein Verzeichnis der Leute, die am Entstehen des Heftes beteiligt sind. Ein Eintrag im Impressum ist aber immer auch ein Stück Reklame für den Journalisten.

Neuerdings gibt es immer mehr Impressi, in denen Telefonnummern hinter den Namen stehen. Ich persönlich bin nicht für diese neue Sitte. Wenn sich jemand berufen fühlt, mir etwas mitzuteilen, dann soll er mir bitte schreiben. Ich telefoniere einfach nicht gerne!

An dieser Stelle sei noch der »Credit« erwähnt – die Erwähnung des Fotografen oder Illustratoren von Abbildungen. Diese Erwähnungen sind ein rechtliches »Muß«. Meistens stehen die Credits in 6- bis 8-Punkt-

IMPRESSUM
Apple Age 11/92

Herausgeber:	Apple Computer GmbH Abteilung Öffentlichkeitsarbeit Gutenbergstraße 1 8045 Ismaning Telefon: (089)99640-0 Telefax: (089)99640-180
Leitung:	Renate Koßler
Redaktion & Objektleitung:	Redaktionsbüro Dr. Joachim Kirchmann Steinstraße 56 8000 München 80 Telefon: (089)48 53 96 Telefax: (089)448 70 22
v.i.S.d.P.:	Joachim Kirchmann
Bilder:	Nivselstein, Stefan Baumann, Apple, Süddeutscher Verlag, Wilde, Weidmüller
Gestaltung & Herstellung:	CCW, Gert Wiescher, Thomas Fenn Ismaninger Straße 71a 8000 München 80 Telefon (089) 98 95 16
Druck:	Coloroffset Huber & Schütz Geretsrieder Straße 10 8000 München 70

35

erscheint monatlich in der Burda GmbH
Anschrift der Redaktion und des
Verlages: Arabellastraße 23,
8000 München 81, Telefon 089/92 50 - 0,
Telex 52 22 74, Fax 089/92 50 - 22 91

Herausgeber:
Dr. Hubert Burda, Malcolm S. Forbes Jr

Chefredakteur:
Werner W. Klingberg

Art-director: Horst Moser

Textchefs: Wilfried Lülsdorf, Jan Tiedge
Chef vom Dienst: Eveline Roth
Produktionsleitung: Norbert Grittner
Redaktion: Dr. Bernd Baumann, Otto Bohinc,
Andreas Busch, Julia Hilbertz, Caro Maurer,
Melissa Müller, Josef Stelzer
Dokumentation: Susanne Pühler
Schlußredaktion:
Dr. Theodor Dohle, Ursula Kuttner
Bildredaktion: Anne Wania (Ltg.),
Heidi Salzer, Lucy S. Wiedner
Layout: Martina Breitling (stellv. Art-director),
Bärbel Block, Claudia Hautkappe,
Silvia Mertens, Annette Tiedge, Ina Weber
Mitarbeiter dieser Ausgabe:
Oliver Albrecht, Tatjana Anderer, Barbara Bierac
Kurt Braatz, Andrew Draheim, Katja Ebeling, Ger
Giesler, Martin Hägele, Nicole Jansen, Tilman
Jens, Harald Kaiser, Angelika Knop, Norbert
Königstein, Richard C. Morais, Walter Pellinghau
sen, Peter Pietsch, Bernhard Rose, Klaus Schmie
Jörg Schmilewski, Christoph Schoeller, Hubert
Spegel, Georg Weindl, Karl-Heinz Weinmann,
Frank Wiercks, Dr. Andreas Wildhagen
Redaktionsassistenz:
Barbara Gripekoven, Birgit-Maria Wöber
Syndication: Josef Geb
Redaktionsverwaltung: Kurt Werner
Auslandskorrespondenten:
Frankreich: Beate Kinader-Becker, Ursula
Langmann, 18 Avenue de Messine, 75008 Paris.
Tel. (003 31 44) 13 95 00, Fax (003 31 44) 13 95 1
Großbritannien: Constance Regnier, Jayne Love
17/18 Great Sutton Street, London EC10DN.
Tel. (0044 71) 490 59 97, Fax (0044 71) 490 57 8
USA: Fritz G. Blumenberg, Theodora Leontaridis
Suite 1918, Rockefeller Center, 1270 Avenue of th
Americas, New York, N.Y. 10020, Tel. (0012 12)
757 11 00, Fax (0012 12) 397 08 22. Los Angeles
Karen Martin, 6430 Sunset Blvd. Suite 714,
Hollywood, California 90028, Tel. (0012 13)
462 12 38, Fax (0012 13) 462 00 32

Anzeigendirektor: Lothar Nadler
Tel. 0781/84 26 60
Anzeigenleitung: Waltraud von Mengden
Tel. 089/92 50 21 87
Verantwortlich für den Anzeigenteil:
Otto Kiefer, Tel. 0781/84 22 21, Senefelderstr. 4
7600 Offenburg
Anzeigenverkauf: Tel. 089/9250 2667
Vertriebsleiter: Lutz Egloff
Verlagsleitung: Richard Kerler
Objektleitung: Dr. Beate Ortlepp
Verantwortlich für den Inhalt dieser Ausgabe
Werner W. Klingberg, Arabellastraße 23,
8000 München 81
Druck: Wenschow-Franzis GmbH,
Kirschstraße 12-16, 8000 München 50

Einzelpreis im Bundesgebiet: 7 DM inkl. MwSt.
Auslandspreise: Dänemark 35 dkr.
Finnland 28 Fmk, Frankreich 28 Franc,
Griechenland 1000 Dr, Großbritannien 3.50 £,
Japan 1700 Yen, Kanarische Inseln
650 Pta, Luxemburg 165 Lfr.
Portugal 700 Esc, USA 8 US-$.
Jahresabonnement: Inland 71,40 DM inkl. Porto
und MwSt.; für Studenten (nur gegen Nachweis
56,40 DM; Ausland 71,40 DM zzgl. Porto.
Abonnenten-Service: Burda GmbH, Senefelderstr. 4
7600 Offenburg, Tel. 0781/84 69 02/3.
Anzeigenpreisliste Nr. 2 vom 1.1.1991

Verleger: Dr. Hubert Burda

ISSN 0938-4049

Schriften senkrecht neben der jeweiligen Abbildung. Es gibt auch Credits, die am äußeren oder inneren Rand der Seite stehen. Neuerdings gibt es auch die geblockten Credits, die Teil des Impressums sind. Ich persönlich bevorzuge senkrecht stehende Credits direkt an der Abbildung. Das hat zwei Vorteile: Erstens kann ich so sicher sein, keinen Credit zu vergessen, denn das würde ich sofort sehen, und zweitens muß man nicht lange irgendwo im Heft rumsuchen, wer was gemacht hat.

Credits sind die Reklame der Fotografen und Illustratoren. Deshalb nehmen Fotografen und Illustratoren von Zeitschriften weniger Geld als für Aufträge aus der Werbung, denn in Anzeigen wird normalerweise kein »Credit« abgedruckt.

36

DER LEITARTIKEL
IST DAS VERKAUFSARGUMENT NR. 1

Die Leitartikel – manche nennen sie auch Aufmacherartikel – behandeln die gewichtigsten Themen des Heftes. In der Regel werden sie mit extra angefertigten Fotos oder Illustrationen groß hervorgehoben, angefangen oder eben aufgemacht. Daher rührt die Bezeichnung Aufmacherartikel.

Apple Age, Frühjahr 1992

Entsprechend heißt dann die erste Seite Aufmacherseite. Meistens werden Artikel auf einer rechten oder einer Doppelseite aufgemacht. Auf diesen Seiten geht's dann manchmal recht dramatisch zu. Da kommen die Kreativen zum Zug. Man will unbedingt erreichen, daß diese Artikel gelesen werden – koste es, was es wolle. Wenn ein Aufmacherartikel nicht gelesen wird, dann ist das Konzept des Magazins in Frage gestellt. Auf diesem Themenkreis basiert die Existenzberechtigung des Ganzen.

Cosmopolitan, Juni 1992

DER MAGAZINTEIL
DIENT DER UNTERHALTUNG

Time, Juni 1992

Im Magazinteil sind in der Regel die unterhaltsameren Artikel untergebracht. Es ist eine Bündelung von kurzen und mittellangen Geschichten.

Diese Artikel geben meistens interessante Neuigkeiten weiter oder streifen vielleicht heiße politische Themen. Was auch immer ihr Inhalt ist, sie gehen nie so sehr in die Tiefe wie ihre großen Brüder, die Leitartikel. Meistens gibt es zu diesen Artikeln nur ein einziges Bild. Ich baue diese Artikel meistens folgendermaßen auf: ein Stichwort, das die Herkunft erklärt, Überschrift, Einlauftext, Text. Ungefähr nach der halben Textmenge plaziere ich das Bild und darunter die Bildunterschrift. Dann geht's ohne Unterbrechung bis zum Schluß durch.

Lire, Juni 1992

DIE ANZEIGENSEITEN
BRINGEN DAS GELD

Wegen diesen Anzeigenseiten wird das Heft überhaupt gemacht, mit ihnen wird viel Geld verdient. Die Anzeigen bezahlen die gesamte Redaktion und alle sonstigen Mitwirkenden. Glauben Sie nie einem Verleger, der behauptet, er würde aus Überzeugung dieses oder jenes Heft machen. Er macht es im besten Fall auch aus Überzeugung!

Das soll natürlich nicht heißen, daß es keine engagierte und von ihrem Produkt überzeugte Verleger gibt!

Die Anzeigenseiten haben Vorrang vor allen anderen Belangen eines Magazins. Bevor eine Anzeige verschoben wird – denn es kommt ja vor, daß ein Artikel zu lang oder zu kurz ist, wird erst versucht, ob man den Artikel nicht kürzen oder strecken könnte.

Wenn wirklich verschoben werden muß, geht das meist nur mit Genehmigung des Anzeigenkunden. Der Anzeigenkunde bestimmt, wie ein Magazin aussieht, denn er bezahlt. Es gibt von dieser Regel Ausnahmen. Diese Ausnahmen sind aber nur dann Ausnahmen, wenn die Werbetreibenden darauf angewiesen sind, in diesen Medien zu inserieren.

Stern, August 1948

DIE VORSCHAU SOLL VERFÜHREN

Die Vorschau ist die Seite, auf der das Magazin für seine nächste Ausgabe wirbt. Man zeigt dem Leser, welche interessanten Themen in der nächsten Ausgabe auf ihn warten. Das sollte eindrucksvoll und spannend gestaltet sein, so, daß der Leser auf keinen Fall darauf verzichten kann, das nächste Heft zu kaufen. Aber man darf natürlich noch nicht die Katze aus dem Sack lassen, sonst erübrigt sich unter Umständen der Kauf des Heftes.

Wenn man in der Vorschau schon so viel von der Story preisgibt, daß der Leser im späteren Heft nichts Neues erfährt, dann ist er enttäuscht und fühlt sich ausgenommen. Es gilt also wieder mal, den goldenen Mittelweg zu finden!

Marie Claire, Juni 1992

Schöner Wohnen, Juni 1992

RUBRIKEN DIENEN DER LESERBINDUNG

Rubriken sind jene Teile einer Zeitschrift, die möglichst auf immer den gleichen Seiten stehen sollten. Sie wurden einzig und allein zum Zwecke der Leserbindung erfunden. In diesen Bereich gehören auch der zur Zeit ein bißchen vernachlässigte Fortsetzungsroman und das Kreuzworträtsel. Es gibt mit Sicherheit reine Rubrikleser, die alle anderen Teile des Magazins fast nicht beachten. Nun könnte man sagen: je mehr Rubriken, um so mehr Stammleser, aber so leicht ist es auch nicht. Denn es gibt ja die reinen Rubrikmagazine, wie z. B. Kreuzworträtselhefte, die auch keine hundertprozentige Stammleserschaft haben. Rubriken sind nur ein Teil des Gesamtangebotes einer Zeitschrift. Die Mischung muß stimmen, wie bei allem.

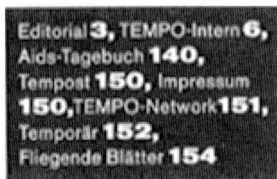

Editorial **3,** TEMPO-Intern **6,**
Aids-Tagebuch **140,**
Tempost **150,** Impressum **150,** TEMPO-Network **151,**
Temporär **152,**
Fliegende Blätter **154**

Tempo, Juni 1992

Time, Juni 1989

Sports, Juni 1992

WITZE MÜSSEN UNBEDINGT SEIN

In manchen Magazinen gibt es spezielle Witzseiten, andere streuen die Witze quer durchs ganze Heft. Letzteres ist praktisch für den Gestalter. Er hat immer Witze als Füllmaterial zur Verfügung. Der »New Yorker« streut bedenkenlos Witze und Illustrationen durch das gesamte Heft, sonst wären die ewig langen Textriemen ja auch nicht zu ertragen. Wie man sie auch einsetzt – Witze gehören einfach dazu. Ich bin z. B. ein typischer Witze-zuerst-Leser.

Der größte Anbieter der Welt für Witze und Comic-Strips ist höchstwahrscheinlich das United-Feature Syndicate in den USA. Man kann von diesen Leuten Witze und

Stern, Juni 1992

Comics in jeder Preis- und Qualitätsklasse bekommen. Aber fast jeder Verlag vermarktet seine Witze gegen relativ wenig Geld. Teuer sind nur Witze, die man exklusiv hat. Große Magazine haben ihre eigenen Witzemacher unter Vertrag. Das ist gut fürs Image!

HOROSKOPE SIND SEHR ERNSTZUNEHMEN

Nach den Witze-zuerst-Lesern kommen die Horoskop-zuerst-Leser? Es ist nicht zu glauben, aber fast alle Zeitschriftenleser lesen das Horoskop. Wenn jemand zehn Zeitschriften im Monat liest, dann liest er zehn verschiedene Horoskope, an die er alle glaubt. Horoskope lesen die Menschen, um sich selbst was vorzumachen. Was gäbe es Schöneres? Selbst Leute, die von sich behaupten, daß sie den Unsinn nicht glauben, lesen Horoskope. Sonst könnten sie ja nicht mitreden! Klar? Bei der Gestaltung der Horoskopseite sollte man allergrößten Wert auf die Gestaltung der Tierkreiszeichen legen, für jeden Leser ist nämlich sein Tierkreiszeichen das schönste. Auch jene, die eigentlich nicht an diesen »Quatsch« glauben, finden zumindest ihr »Tierkreiszeichen« schön!

LESERBRIEFE ERHÖHEN DIE GLAUBWÜRDIGKEIT

Unmittelbar nach den Horoskop- und Witze-zuerst-Lesern kommen die Leserbriefe-zuerst-Leser. Oder sind die die erste Gruppe? Klatsch und Tratsch, menschliche Regung und Empörung, hat noch ein anderer dieselbe Meinung wie ich, da kann man mal wieder sehen, diese Weiber, diese Männer! Was auch immer die Motivation für das Lesen der Leserbriefe ist, es ist immer eine ganz menschliche. Viele Verlage begehen den Fehler, über getürkte Leserbriefe das Image der Zeitschrift aufpolieren zu wollen. Geübte Leserbriefleser, und wer gehört nicht zu dieser Gruppe, merken das sofort. Wenn sich getürkte Briefe häufen, wird der Leser mißtrauisch! Leserbriefe sind ein wichtiger Gradmesser, die der Leser zu seiner Identifikation mit der Zeitschrift benötigt. Jeder möchte sicher sein, daß er die richtige Zeitschrift liest. Eine Zeitschrift, die von Menschen gelesen wird, die die gleiche Meinung haben wie man selbst! Es ist sehr gefährlich, dieses Instrument zu manipulieren!!!

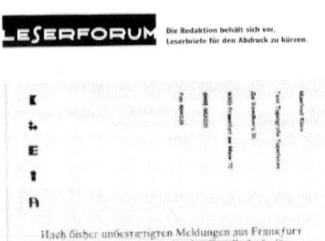

Leserbrief von Manfred Klein

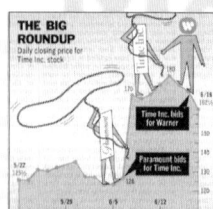

Time, Juni 1989

FINANZTIPS SIND MEIST VERSTECKTE WERBUNG

Der Finanztip ist eine relativ neue Errungenschaft. Früher hatte die Masse der Leser nicht genügend Geld, um sich für Finanztips zu begeistern. Die fortwährenden Kriege haben die breite Kapitalbildung verhindert. Je nach Zielleserschaft ist der Finanztip ein hervorragendes Mittel zur Leserbindung.

Bei der Gestaltung dieser Seite ist auf größtmögliche Klarheit und Seriosität zu achten. Wenn's ums Geld geht, dann kennen die Leute keinen Spaß.

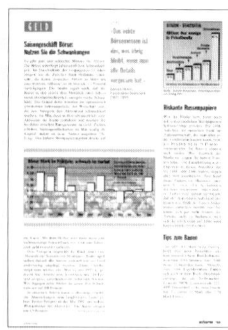

Stern, Juni 92

Forbes, Juni 92

Die Bestellkarte sichert indirekt die Existenz einer Zeitschrift! Es gibt nämlich nichts Besseres für eine Zeitschrift, als einen Abonnenten zu gewinnen. Abonnenten sind wie die Rente, die kommt auch regelmäßig, und verlieren kann man sie fast nie! Deswegen setzen Verlage alles, aber auch wirklich alles daran, Abonnenten zu werben. Die ausgesetzten Kopfgelder (Prämien) sind beachtlich. Der Gesetzgeber hat deswegen ein Limit gesetzt, das der Wert der Prämie nicht übersteigen darf! Und er hat die Widerrufoption eingeführt. Mit Abos wurde und wird immer noch viel Unfug getrieben.

Das Network. Abo mit Mehrwert. 12mal im Jahr kommt TEMPO per Post. Für 5 Mark pro Heft, macht 60 Mark im Jahr (Ausland DM 85,20); das Porto zahlen wir. Mit Lieferung des ersten Heftes sind Sie sofort im TEMPO-Network – und als Dankeschön für Ihr Interesse kommt das exklusive T-Shirt. Einfach ausfüllen, unterschreiben. Und ab die Post.

Garantie: Die Bestellung können Sie innerhalb von 10 Tagen (Poststempel) schriftlich beim TEMPO-Leserservice, Postfach 13 04 53, 2000 Hamburg 13 widerrufen; das T-Shirt können Sie auf jeden Fall behalten.

Ich steige ein. Ich abonniere TEMPO ab sofort für mindestens ein Jahr zum Preis von DM 60,- (12 Ausgaben, Auslandspreis DM 85,20). Porto und Versand zahlt TEMPO. Bitte die Hefte und das T-Shirt an folgende Anschrift:

Vorname/Name

Straße/Hausnummer

PLZ/Ort

Datum   1. Unterschrift

[ ] Ich zahle bequem und bargeldlos durch Bankeinzug:

BLZ   Kontonummer

Geldinstitut

Unterschrift des Kontoinhabers
[ ] Ich zahle jegen Rechnung. Vorher nicht. (Ich weiß: Sonst kommt die Buchhaltung durcheinander.)

Garantie: Klar, daß ich diese Bestellung innerhalb von 10 Tagen schriftlich beim TEMPO-Leserservice widerrufen kann; zur Wahrung der Frist genügt die Absendung innerhalb dieser 10 Tage (Poststempel). Das Network-T-Shirt kann ich in jedem Fall behalten. Gesehen, gelesen, unterschrieben:

Datum   2. Unterschrift   Te 7/92·14.397

Antwortkarte

TEMPO
Leserservice
Postfach 13 04 53

2000 Hamburg 13

60 Pfg.
Porto,
bitte.

Garantie: Klar, daß ich diese Bestellung innerhalb von 10 Tagen schriftlich beim TEMPO-Leserservice widerrufen kann; zur Wahrung der Frist genügt die Absendung innerhalb dieser 10 Tage (Poststempel). Das Network-T-Shirt kann ich in jedem Fall behalten. Gesehen, gelesen, unterschrieben:

Datum   2. Unterschrift   Te 7/92·14.397

Besonders wichtig für einen Bestellcoupon ist der Hinweis auf das Widerrufsrecht, der durch die zweite Unterschrift bestätigt wird.

47

GESTALTUNGSSTRUKTUREN

DAS MAGAZIN
IST EINE ZIEMLICH ALTE ANGELEGENHEIT

Diese Seite ist aus Petrarcas Sonetten an Madonna Laura 1579, verlegt in Venedig von Nicolo Beuilacqua. Die Paginierung steht übrigens immer oben rechts am Satzspiegel.

Schon kurz nach Erfindung der »schwarzen Kunst« tauchten die ersten Magazin- und Zeitschriftenformen auf.

Eigentlich könnte man sogar noch früher anfangen. Denn die »kommentierten Handschriften« des Mittelalters haben ja auch schon magazinähnlichen Charakter. Auf die Ränder rund um den eigentlichen Text herum wurden auf Teufel komm raus, selbst von mehreren Autoren gleichzeitig, Kommentare angebracht. Die Briten nennen solche Randnotizen übrigens »Margins«!

Wann genau allerdings die ersten periodischen Druckwerke erschienen, kann ich nicht genau sagen. Ich schätze jedoch, daß es so um 1590 gewesen sein muß.

VERSCHIEDENE LAYOUTRASTER FÜR UNTERSCHIEDLICHE MAGAZINTEILE

Ich teile Magazine in verschieden wichtige Abschnitte ein, in Sektionen. Die wichtigste Sektion gestalte ich in der Regel zweispaltig, wenn ich von einem Format in ungefähr DIN-A4 Größe ausgehe. Die Sektionen mit vielen kleinen Einzelartikeln gestalte ich mit drei Spalten. Sollte das Magazin eine Sektion haben, die eine Menge extrem kurzer Infos hat, z. B. Personalien, dann gehe ich im Schriftgrad kleiner und benutze ausnahms-weise mal vier Spalten. Bei einem Format von

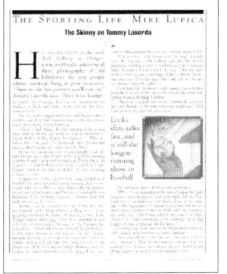

ungefähr DIN-A4 werden diese Spalten sehr schmal. Das ist ein reines Rechenexempel: Blattbreite minus Rand innen plus Rand außen plus drei Spaltenabstände geteilt durch vier, ergibt im besten Falle 42,5 mm Spaltenbreite. Wenn ich New Baskerville als Fließtext haben will, dann muß ich als Größe 9 Punkt für den Fließtext verwenden, sonst bekomme ich zu wenig Buchstaben in eine Zeile. Ich setze diese Größe in mindestens 9/10,5 Punkt, weniger Zeilenabstand wäre mir zu eng.

Esquire, Juni 1992

DIE EINZELTEILE EINER SEITE ERGEBEN DAS GANZE

Eine Zeitschriftenseite ist kein Zufallsprodukt. Sie ist so, wie sie heute ist, weil sie sich im Laufe der Jahre, Jahrzehnte und Jahrhunderte so entwickelt hat.

Die Form des Magazins und die damit verbundene Technik der Informationsaufbereitung muß wohl schon immer dem Bedürfnis der Menschen entsprochen haben. Menschen lieben es, Information in leichtverdaulichen Stücken und in einer ganz bestimmten Reihenfolge serviert zu bekommen. Der Ablauf ist dem eines großen Menüs ähnlich.

Auf die Art hat man gut gegessen und ist gesättigt, aber man hat kein Völlegefühl. Auf gut deutsch: man hat sich nicht überfressen. Also, wenn man beim Gestalten von Zeitschriften ans Essen denkt, dann kann man auch eigentlich nichts falsch machen.

1. Gang:
Die Kapitelüberschrift.
Das Foto oder
die Illustration.

2. Gang:
Die Überschrift.
Der Einlauftext.

3. Gang:
Der Text.
Texthervorhebungen.

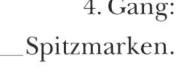

4. Gang:
Spitzmarken.

5. Gang:
Die Textbox.

6. Gang:
Tabellen und Charts.
Paginierung.

51

DER RASTER UND DER SATZSPIEGEL SIND GRUNDREGELN

Wenn man sich eine Zeitschriftenseite ansieht, dann besteht sie grundsätzlich aus bedruckten und unbedruckten Flächen. Die Regel ist, daß um die eigentliche bedruckte Fläche, der Satzspiegel, ein unbedruckter, weißer Rand bleibt. Diesen weißen Rand gibt es aus zweierlei Gründen: erstens muß man irgendwo das Druckerzeugnis anfassen können, ohne mit seinen eigenen Fingern den Text abzudecken. Zweitens benötigte man ganz früher zumindest den oberen Papierrand beim Drucken, um das Blatt in der Führung festzuklemmen.

In der letzten Zeit verstärkt sich der Trend, auch den Rand mit dekorativen oder ordnungstechnischen Elementen zu bedrucken. Es häufen sich die schwarzen oder bunten Balken, die zur Kapitelkodierung an verschiedenen Stellen bis in den Beschnitt gehen. Man findet durch sie schneller eine bestimmte Sektion der Zeitschrift.

Wenn man sich nun so eine Magazinseite genauer ansieht, dann wird man feststellen, daß der Text bzw. die bedruckte Fläche in einzelne Teile zerfällt, meist in Spalten. Je nach Papierformat, gibt es mehr oder weniger viele Spalten. Die Spaltenbreite orientiert sich aber auch an der

Menge der Buchstaben pro Zeile. Bitte verwenden Sie nie weniger als 35 und möglichst nicht mehr als 70 Anschläge. Bei zu wenigen Anschlägen entstehen zu viele Trennungen, und das Auge wird schneller müde. Bei zu vielen Anschlägen sackt das Auge am Zeilenende schnell mal eine Zeile zu weit ab.

Zeitschriftengestaltung wird erheblich durch einen einheitlichen Seitenraster vereinfacht. Auch horizontale Rasterlinien, an denen man Bilder, Textanfänge, Überschriften oder ähnliches »aufhängt«, gehören dazu. Der Gestaltungsraster hat übrigens nichts mit dem Druckraster zu tun, der die Auflösung eines Fotos nach Rasterpunkten bezeichnet!

Ich lege den Begriff Gestaltungsraster übrigens sehr weit aus. Alle Teile, die in ihrer Gestalt »festgelegt« sind, gehören bei mir zum Gestaltungsraster! Dazu gehören Schriftgrößen und -arten ebenso wie der Illustrations- und Fotostil. Der Gestaltungsraster ist bei mir eine Art Geschmacksnorm! Aber, man sollte sich nie zu starr an einen Raster halten, sonst wird die Angelegenheit schnell langweilig.

Als Negativbeispiel verweise ich auf die Art, wie stur Großbanken ihre Gestaltungsraster einsetzen. Gähn!

DIE PAGINIERUNG
IST EINE WICHTIGE ORIENTIERUNGSHILFE

Die Seitenzahl nennt man Pagina. Bei Zeitschriften sollte mindestens der Name der Zeitschrift dabeistehen, besser wäre Name und Ausgabedatum. Das hat einen ganz einfachen Grund. Viele Menschen, mehr als man gemeinhin annimmt, archivieren mit Hilfe von Kopien bestimmte Seiten. Die wollen dann später wissen, aus welcher Zeitschrift die Kopie stammt, denn eventuell wollen sie diese Zeitschrift ja zitieren.

Ich finde, daß die Paginierung unten an der Seite deshalb am besten steht, weil man sie dort erwartet. Auf rechten Seiten sollte sie rechts unten stehen, auf linken links unten. Auch das hilft übrigens wiederum den »Archivaren«, denn sie wissen so immer, ob es sich bei ihrer Kopie um eine rechte oder eine linke Seite handelt.

DER FLIESSTEXT
SOLL FLÜSSIG ZU LESEN SEIN

Der Text in einem Magazin, in dem der eigentliche Artikel gedruckt ist, ist der Fließtext. Für diesen Text nimmt man am besten eine Schrift, die leicht zu lesen ist. Logisch! Über die Lesbarkeit von Schriften gibt es eine Menge kluger Untersuchungen. Aber nur eins ist ganz sicher: Antiqua-Schriften sind leichter zu lesen als alle anderen! Außer vielleicht für technische Publikationen verwende ich so gut wie nie serifenlose Schriften für den Fließtext. Die Ausnahmen bestätigen auch hier die Regel. So nehme ich für Kästen z. B. sehr gerne Grotesk-Schriften. Aber den eigentlichen Fließtext setze ich immer in einer Antiqua-Schrift. Ich verwende diese Schrift dann aber ausschließlich für den Fließtext. Wenn irgend etwas nicht in dieser Schrift gesetzt ist, dann weiß mein Leser immer, daß es sich nicht um Fließtext handelt.

Neben der berühmten Times gibt es noch viele empfehlenswerte Schriften, die nicht so oft zu sehen sind. In unserem Büro benutzen wir sehr gern (diese hier) New Baskerville, Goudy, Garamond, Joanna, Palatino und wenn's eine ohne Serifen sein soll, Formata, Futura oder Imago anstatt der langweiligen, charakterlosen und abgedroschenen »Helvetica«.

Ich möchte bei dieser Gelegenheit noch auf die Begriffe Blocksatz, Flattersatz und zentrierten Text eingehen. Blocksatz ist das, was Sie hier sehen. Satz, der links und rechts einen glatten Rand bildet!

Flattersatz ist das, was Sie jetzt sehen. Satz, der auf der linken Seite einen glatten Rand bildet, aber auf der rechten Seite nicht. Aber es gibt rein theoretisch auch Flattersatz, der rechts bündig ist und links flattert!

Zentrierter oder mittelachsiger Satz ist,
wenn sich alle Zeilen
an einer unsichtbaren Mittelachse ausrichten,
also wenn der Text links und rechts
keine gerade Kante aufweist.

Genaugenommen gibt es noch die Möglichkeit,
Text frei von allen Zwängen
auf eine Seite zu plazieren,
aber das wird sehr selten gemacht,
denn das muß man gut können,
damit es gut aussieht.

Hervorhebungen erleichtern das Lesen

Manche Textstellen müssen oder sollen hervorgehoben werden. Ich benutze dazu die kursive Version der Brotschrift. Die *Kursive* hemmt den Lesefluß längst nicht so wie die **Fette**, wie <u>Unterstreichungen</u> oder Kapitälchen. Die zweite Stufe der Hervorhebungen innerhalb eines Textes mache ich mit Kapitälchen und erst die dritte **fett**. Wenn ich nur wenige Hervorhebungen in einem Text habe, und diese stark akzentuiert sein sollen, dann benutze ich den **fetten** Schnitt der Fließtextschrift. Diese Art der Hervorhebung benutze ich auch, wenn ich ganz kleine Zwischenüberschriften machen will, oder wenn ich den Leser auf die ersten drei Worte eines Absatzes hinlenken will. **FETTE GROSSBUCHSTABEN** benutze ich innerhalb eines Fließtextes nie, es sei denn, um ein einziges Wort hervorzuheben. GROSSBUCHSTABEN sind einfach zu schwer zu lesen. Wenn sie dann noch in **FETT** innerhalb eines Textes stehen, wirken sie wie Staudämme.

Hervorheben kann man auch noch durch

größeren Zeilenabstand, wie man hier sieht!

THE GREAT STONE WALL

Why does the world's biggest nation seem to be running so defiantly against the wind?

By JAMES WALSH

A S RONALD REAGAN MIGHT HAVE put it: there they go again. In the teeth of all prudent good-neighbor policies, Chinese officials in mid-June gave the go-ahead for oil exploration far offshore in the South China Sea. The potential drilling sites underlie waters of the Spratly and Paracel islands, chains of sandbars that are among the world's most complexly disputed maritime zones. Whenever Asians think about war scenarios, the Spratlys in particular figure as an explosive flash point. Yet China has brazened forth to exploit its claims just a month after detonating a huge underground nuclear blast in the western desert region of Xinjiang.

What is going on? At a time when the other great powers are beating warheads into plowshares, Beijing is thumping its chest. For a decade or more, a regime that used to brag about the export of revolution has been trying to convince neighbors of its peaceful intentions. A pre-emptive exploitation of any South China Sea oil, however, risks confrontation with Vietnam, Taiwan, Malaysia, the Philippines and Brunei—all of which claim the Spratlys wholly or in part. Vietnam, an old rival that mended fences with China just last year, openly seethed about this move to put the ocean resources conclusively under the People's Republic flag.

When it comes to China, in short, the

Time, Juli 1992

Überschrift heißt auf englisch »Headline«, hätten Sie's gewußt? Sinnvollerweise nehme ich für Headlines keine breitlaufenden Schriften, sondern schmale. Mit breitlaufenden Schriften würde man bei langen Überschriften zu viele Zeilen bekommen.

Ich bin der Meinung, daß Überschriften nur in den seltensten Fällen länger als drei Zeilen sein sollten. Zweizeiler halte ich eigentlich für ideal.

Eine meiner Lieblingsschriften für diesen Zweck ist die **Formata medium.** Sie läuft nur ein bißchen schmaler als eine durchschnittliche Grotesk-Schrift. Die **Formata** ist eine ausgesprochen schön und ausgewogen geschnittene Schrift. Jeder Einzelbuchstabe ist von Herrn Möllenstedt mit viel Liebe zum Detail gezeichnet.

Überschriften sollte man möglichst nicht mit Großbuchstaben gestalten. Ab sieben Buchstaben wird der Einsatz von Großbuch-

Arena, Juni 1992

Traveler, Juni 1992

59

Lire, Juni 92

staben fraglich. Das hat folgende Gründe: Wir können nur fünf Einzelteile auf einen Blick erfassen und als Einzelteile definieren. Zuerst das erste und das letzte Teil, dann das an zweiter und an vierter Stelle. Das was übrig ist, muß dann das dritte Teil sein! Bei sechs Teilen fangen wir schon an zu rätseln, welches das dritte oder vierte Teil ist. Sieben Teile sind deshalb das höchste der Gefühle. Alles was mehr ist, macht uns Probleme. Trotzdem kann man sowas natürlich machen, denn auch Unleserlichkeit kann ja ein Gestaltungsmittel sein.

Ich strukturiere generell die Größen der Überschriften innerhalb eines Heftes nach »Wichtigkeit«. Das heißt aber nicht, daß ich aus dieser Struktur nicht genauso ausbreche wie aus meinem Gestaltungsraster. Ich beziehe diese Größenstruktur in den Gestaltungsraster mit ein. Eine Beispielsstruktur wäre: 18 und 24 Punkt für die kleinen unwichtigen, 36 und 48 Punkt für die Überschriften mit normaler Wichtigkeit und 60 und 72 Punkt für die Aufmacher- bzw. Leitartikel. Wenn Sie sich an diese Größen halten, können Sie wenig falsch machen. Man kann auch größere Sprünge wählen oder ausgefallenere Größen verwenden.

DER LESER WILL GEFÜHRT WERDEN

Das ist wieder einer der Begriffe, der von vielen Zeitungsmachern mißverstanden wird. Der Begriff besagt, der Leser möchte durch die einzelnen Artikel und das Heft als Ganzes geführt werden. Er besagt nicht, daß der Leser einem bestimmten Ablauf zu folgen hat. Es wäre zuviel verlangt, solch ein Ziel zu erreichen.

Was man erreichen kann, ist, das Heft und jeden Einzelartikel so zu strukturieren, daß der Leser diesen Ablauf erkennt und ihm eventuell folgt. Aber selbst das perfekt strukturierte Magazin wird keinen Leser davon abhalten, einfach irgendwo mitten im Text ein bißchen rumzulesen und dann zu entscheiden, daß er diesen Artikel nicht interessant findet. Man kann einfach nicht auf das Leseverhalten jedes Lesers eingehen.

Im großen und ganzen sind Leser doch sehr diszipliniert, eigentlich sind sie konditioniert. Sie verhalten sich nämlich genau so, wie sie das im Laufe ihres Lebens als Zeitschriftenleser gelernt haben. Also wäre es kompletter Unsinn, alle bestehenden Regeln außer acht zu lassen und dem Leser einen neuen Ablauf oder ein neues Leseverhalten aufzuzwingen. Das würde niemals funktionieren. Alle Standardelemente eines Magazins müssen immer in derselben Form an denselben Stellen innerhalb eines Magazins vorhanden sein. Versuchen Sie nicht, das Inhaltsverzeichnis an den Schluß des Heftes zu stellen. Der Leser sucht vorne. Wenn er es da nicht findet, dann sucht er nicht weiter, sondern nimmt an, daß es keins gibt.

Cecil B. De Mille soll einmal einen Film verschrottet haben, weil der Titel nicht das erste war, was bei der Probeaufführung auf der Leinwand erschien. Daran sollten Sie denken, wenn Ihnen ein Zeitungsmacher was von Leserführung erzählt und damit meint, man müsse den Ablauf des Heftes anders gestalten. Jedes Element in einem Magazin hat seinen Platz und gelernten Ablauf. Alles andere ist Quatsch!

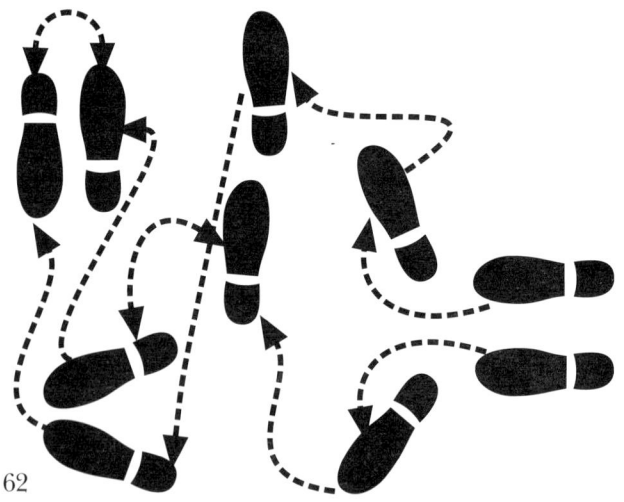

KAPITELÜBERSCHRIFTEN ERLEICHTERN DIE STANDORTBESTIMMUNG

Kapitel-Headlines sind aus der Buchgestaltung in die Magazingestaltung eingeflossen. Sie sind für den Leser eine hervorragende Orientierungshilfe. Auf jeder Seite, oder nur jeweils auf der rechten oder linken Seite, wird diese Kapitelüberschrift wiederholt. Diese Wiederholungen haben entweder einen eigenen durchgängigen Schriftstil, oder sie sind in der Typografie für die Aufmacherseite des Kapitels oder des Artikels verwendet worden. Meistens stehen sie oben an der Seite. Es gibt aber neuerdings Kapitelüberschriften, die negativ in schwarzen oder farbigen Balken rechts am Rand stehen. Sie

Travelers, Juni 1992

sind dann meistens in die Kapitelkodierung integriert, von der ich im vorangegangenen Kapitel schon gesprochen habe.

Die andere gern angewandte Technik ist die der sich wiederholenden Artikelüberschrift. Anstelle der Kapitel-

über-
schrift steht
dann auf allen Sei-
ten, die einen Artikel beher-
bergen, die Artikelüberschrift.

In Fachzeitschriften, die nach bestimmten Fachthemen gegliedert sind, wird auch
eine Kombination beider Techniken ange-
wandt. Die Überschrift des Kapitels bzw. des
Fachthemas steht oben und darunter oder da-
neben die des betreffenden Artikels. Es gibt
auch noch die Links-Rechts-Variante dieser
Technik: auf der linken Seite die Überschrift
des Fachthemas, auf der rechten die jeweili-
ge Artikelüberschrift.

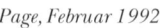

Page, Februar 1992

*Apple Age,
Frühjahr
1992*

*Illustrationen:
Stefan
Baumann*

OVERHEADS SIND DIE
ÜBER-**Ü**BERSCHRIFTEN

Über-Überschriften gewissermaßen! Hat nichts mit der direkten Übersetzung »Unkosten« zu tun! Ich benutze in diesem Falle den englischen Ausdruck, weil ich finde, daß er die Sache am besten trifft.

Vogue, Juni 1992

In einem Reisemagazin gibt es Artikel über die verschiedensten Regionen unserer Erde. Das Magazin selbst ist nach Kontinenten gegliedert. Jeder Artikel hat vor der eigentlichen Überschrift eine Zeile stehen, die genau definiert, um welchen Ort es sich dreht, z. B.:

Overhead: —————————— **Soho, New York City, NY, USA**
Überschrift: —————— **D**IE **K**UNST HAT EIN NEUES **Z**UHAUSE GEFUNDEN.

Diese Technik läßt sich auf die unterschiedlichsten Magazine anwenden. Besonders sinnvoll ist sie in Fachzeitschriften. Aber auch politische Magazine benutzen die Overheads recht oft.

ÜBERSCHRIFT-SCHRIFTEN 1,2,3

Für meine Raster definiere ich meistens drei unterschiedliche Standard-Überschriftgrößen. Die Größen 48´, 36´ und 18´ haben sich gut bewährt und sind in den meisten Fällen ausreichend. Ich halte mich aber nicht sklavisch an diese Größen, wie ich mich überhaupt an nichts sklavisch halte, sehr zum Verdruß meiner Angestellten und anderer Mitmenschen.

Überschriften kann man auf alle möglichen und unmöglichen Arten gestalten. Das wichtigste ist, daß sie als Überschriften erkannt werden.

Es gibt Gestalter, die mit ganz kleinen Überschriften operieren, weil sie sagen: warum soll ich meine Leser anschreien? Dann gibt es wieder welche, denen können Überschriften garnicht groß genug sein. Ich tendiere mehr zu den Letzteren, aber im Normalfall benutze ich normale Größen.

Ich spiele gerne kleine grafische Spielchen mit meinen Überschriften. Die prägen sich beim Leser ein. Manchmal entwickle ich sogar kleine Wortmarken für meine Überschriften. Bekanntere Gestalter als ich machen das auch, so bin ich in guter Gesellschaft.

Dies ist eine Headline

Helvetica Condensed light

Dies ist eine Headli

Times Bold

DIES IST EINE HEADLI

Cheltenham bold

DIES IST EINE H

Futura Bold

Dies ist eine Übersc

Univers Bold

Dies ist auch eine !

Garamond Bold Italic

WHAT IS THIS ?

New Yorker Bold

Einlauf- oder Einstiegstext

Unmittelbar nach der Überschrift soll der Leser den Einlauftext lesen. Der Einlauftext kann entweder eine kurze Zusammenfassung des Artikels sein, oder aber nur der erste Absatz des Artikels, der folgt. Ich halte das erstere für sinnvoll, denn es gibt unglaublich viele Querleser, die nur an einer kurzen Zusammenfassung interessiert sind.

Nach dem Einlauftext mache ich eine kleine zusätzliche Zäsur in Form einer Leerzeile. Das hilft dem Leser, Luft zu holen für den Text, der danach kommt. Der erste Absatz hat übrigens keinen Einzug, wäre ja auch Unsinn, Einzüge macht man nur, um zu signalisieren »Achtung, hier beginnt ein neuer Absatz«, und der erste Absatz ist ja in jedem Fall ein neuer Absatz. Meine Einlauftexte sind immer, fast immer, aus dem kursiven Schnitt der Überschrift, aber in der Größe der Brotschrift, selten viel größer. Hier oben habe ich eine Ausnahme gemacht, denn ich will Ihnen ja nicht nur das zeigen, was ich normalerweise mache, sondern auch mal etwas Ungewöhnlicheres. Ich finde den optischen Klang, der durch die verschiedenen

Schriften, Schriftschnitte und -größen entsteht, sehr wichtig. Bis ich mich auf einen neuen Klang festlege, probiere ich eine Unzahl verschiedener Kombinationen aus. Unter Umständen kämpfe ich mich mit Ein-Punkt-Schritten an das Resultat heran. Besonders wichtig ist dabei der Zeilenabstand, denn er bestimmt entscheidend darüber, ob ein Textabschnitt »schwerer« oder »leichter« wirkt. Der Einlauftext stellt für mich eine Barriere zwischen Überschrift und Fließtext dar. Ist diese Barriere überwunden, dann weiß der Leser, worauf er sich einläßt und liest dann hoffentlich weiter.

Ich rate allen Journalisten, Einlauftexte mit der allergrößten Sorgfalt zu schreiben. Einlauftexte sind das Plädoyer für den folgenden Artikel. Ich bin so ein Mensch, der unbedingt wissen will, auf was ich mich da einlasse, bevor ich mir den Stress antue, einen Artikel zu lesen, der mich vielleicht gar nicht interessiert.

Interview, Juni 1992

HAKEN, ÖSEN & AUFHÄNGER SIND STOLPERDRÄHTE DER GESTALTUNG

Lange Textpassagen schrecken den Leser ab. Er hat eigentlich gar keine Lust, so viel Text zu lesen.

Lange Textpassagen schreckend den Leser ab. Er hat eigentlich gar keine Lust, soviel Text zu lesen.

Lange Textpassagen schrecken den Leser ab. Er hat eigentlich gar keine Lust, so viel Text zu lesen.

Bei der Gestaltung von Magazinen hat man einige Möglichkeiten, die tatsächliche Länge eines Artikels zu verschleiern. Man kann immer wieder Zwischenüberschriften einfügen, essentielle Textpassagen nochmals herausstellen, Bilder einfügen oder mit »Fortsetzung auf Seite« arbeiten.

Andere Auflockerer, die den Text interessanter machen und damit das Lesen erleichtern, sind Texthervorhebungen.

Ich empfehle die kKf-Technik: *kursiv*, KAPITÄLCHEN, **fett**! Hervorhebungen ersten Grades in *kursiv*, zweiten Grades mit KAPITÄLCHEN, und wenn es noch einen dritten Grad gibt, dann **fett**. Hervorhebungen dritten Grades werden mit Sicherheit selten sein, Text kann nämlich nur wenige fette Hervorhebungen mit Anstand verkraften.

BILDER SIND ERKLÄRUNGSBEDÜRFTIG

Vivienne Westwood's
  collection is a collection of
ready-for-the-hunt,
        fit-for-a-queen,
        oh-what-a-scream,
Hollywood-dream-machine . . .
        Here,
  Bobby is being fitted in
  a Westwood nylon/acetate
    evening gown with
            cotton petticoat.

Interview, Juni 1992

MY FAIR CYBORG: *Yancy Butler, that girl with the computer brain*

Esquire, Juni 1992

Euro-Outlaw
Info-Broker Tobias Brandt
ist mit 24 Jahren bereits ein alter Hase
im europäischen Rechts-Dschungel

Forbes!, Juni 1992

Meine Bildunterschriften sind meistens aus der fetten kursiven Version der Brotschrift. Alle anderen Arten sind natürlich möglich, aber ich finde diese am harmonischsten.

SPITZMARKEN UND KÄSTEN

Ich liebe Spitzmarken und Kästen. Spitzmarken sind ein hervorragendes Mittel, um Seiten mit viel Text auf elegante Weise aufzulockern. Kästen sind auf ihre Art genausogut, nur dienen sie dazu, verschachtelte Texte zu entwirren. Sie sind eigentlich eine Krücke für Journalisten, die Schwierigkeiten haben, komplizierte Zusammenhänge in einen logischen, leicht verständlichen Ablauf zu bringen. Auch hier gibt es natürlich wieder die Ausnahme: Rück- oder Seitenblicke zu einem bestimmten Thema sind in Kästen einfach besser aufgehoben. Kästen erfüllen auch eine Art Fußnotenfunktion. Im Text wird dann auf sie hingewiesen*.

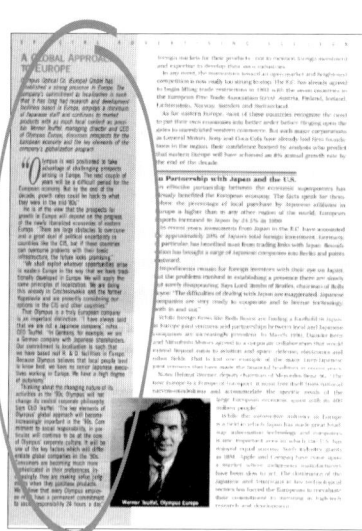

Time, Juni 1992

Esquire, Juni 1992

Vogue, Juni 1992

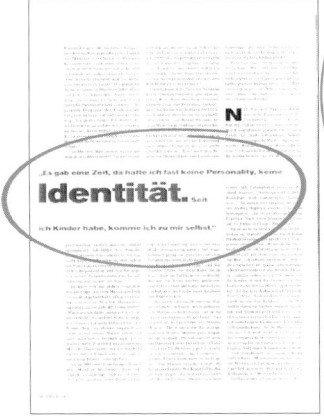

Tempo, Juni 1992

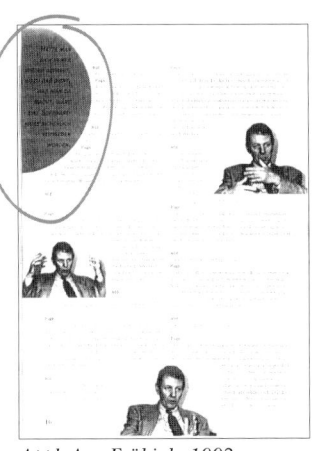

Apple Age, Frühjahr 1992

Das sollten Sie sich unbedingt merken!

Am Anfang bitte keinen Einzug!

Der erste Absatz nach einer Überschrift ist ja gar kein Absatz, sondern der Anfang des Artikels, also macht man logischerweise am Anfang keinen Einzug.

Grotesk ist oft grotesk!

Vermeiden Sie es, wenn möglich, lange Texte in einer Grotesk-Schrift zu setzen. Überschriften sehen in einer Antiqua auch besser aus, aber Grotesk-Schriften sind selbstverständlich gerade als Überschriften nicht zu vermeiden.

Wortabstände müssen Abstand wahren!

Wenn Ihre Wortabstände zu groß sind, dann ist das überhaupt nicht gut für die Lesbarkeit.

Leerzeilen sind doppelt gemoppelt!

→ Vermeiden Sie auf jeden Fall die seltsamerweise sehr beliebte Unart, Einzüge und Leerzeilen einzusetzen. Das wurde von unwissenden Sekretärinnen erfunden. Es ist ungefähr so, als würden Sie für eine Soße Sahne und Mehl benutzen.

**Lassen Sie Ihre Verbindungen spielen,
verwenden Sie Ligaturen.**

Wenn Sie Ligaturen zur Verfügung (fi, fl, etc.) haben, dann sollten Sie die nach Möglichkeit benutzen.

Durchschuß oder Abstand?

Sehr wichtig ist auch der Durchschuß, man sagt auch Zeilenabstand, obwohl das etwas anderes ist. Wenn Sie eine 12-Punkt-Schrift nehmen und die mit 12 Punkt Zeilenabstand verwenden, dann nennt man das kompreß. Durchschuß hat dieser Satz noch nicht! Wenn Sie 12˙/13˙ setzen, dann haben Sie einen Punkt Durchschuß oder 13 Punkt Zeilenabstand. Alles klar? In der Regel benutzt man mindestens zwei oder drei Punkt Durchschuß, alles was darüber ist, ist schon ziemlich weit auseinander.

Ausgezeichnete Auszeichnungen!

Halbfette und **fette** Schriften innerhalb des Fließtextes sowie Unterstreichungen sind nach Möglichkeit zu vermeiden. Besser benutzen Sie *kursiv* oder KAPITÄLCHEN.

Zuviel ist meist zuviel!

Achten Sie darauf, daß Sie nicht zu viele unterschiedliche Schriftgrade innerhalb eines Dokumentes bekommen. Wenn man sehr konsequent arbeitet, dann kommt man in den meisten Fällen mit drei Schriftgraden aus.

Durch Absätze absetzen!

Absätze sollten Sie möglichst mit einem Einzug von einem Geviert (Schrifthöhe im Quadrat) beginnen. Wenn Sie viel Einzug verwenden, dann laufen Sie Gefahr, daß die auslaufende Zeile kürzer ist als Ihr Einzug. Text ohne Einzug wirkt plump. (5 mm ist ein vertretbarer Kompromiß.)

So werden Sie zur Randerscheinung!

Die freien Ränder rings um den Text sollten Sie möglichst nicht knapper als mit 10 mm bemessen, sonst muß man Ihre Publikationen mit spitzen Fingern anfassen.

Der Absatz als Auszug getarnt

Es gibt noch eine mögliche Art der Absatzgliederung, auf die ich Sie aufmerksam machen möchte. Sie wird z. Zt. nicht sehr häufig verwendet, ist aber durchaus akzeptabel. Man verwendet sie, wenn man sehr strenge Gliederungen zu machen hat. Das ist der Auszug! Beim Auszug wird die erste Zeile nach links ausgerückt, wie man an diesem Absatz sieht. Diese Technik ist für Computer-Handbücher wie geschaffen, wo sie übrigens auch bis zum Exzeß benutzt wird!

GLOSSAR

ABSATZ

Ein Absatz findet auf dem Computer zwischen zwei Returns statt.

ANTIQUASCHRIFTEN

Das sind die Schriften, die sogenannte Füßchen (Serifen) haben. Diese Schriften sind in der Regel sehr gut lesbar.

AUSZUG

Dasselbe wie ein Einzug, nur in die andere Richtung.

BESCHNITT

Der Rand, der bei einer Zeitschrift weggeschnitten werden muß.

BLOCKSATZ

Satz, in dem alle Zeilen gleich lang sind, und die dadurch links und rechts einen geraden Rand bilden.

BOLD

Fette Schrift

BUNDSTEG

Der Freiraum zwischen der Heftung und dem Satzspiegel.

CONDENSED

Schmallaufende Schrift.

COPYRIGHT

Amerikanischer Begriff für Urheberrecht.

DICKTE

Der Raum, den ein Buchstabe zum Atmen benötigt.

DIN

Deutsche Industrie-Norm.

DOPPELSEITE

Beim Gestalten von Büchern und Zeitschriften layoutet man immer linke und rechte Seiten. Die Kombination nennt man dann Doppelseite.

DURCHSCHUSS

Der leere Raum zwischen den Zeilen.

FLATTERSATZ

Satz, bei dem alle Zeilen verschieden lang sind, der dadurch nur auf einer Seite einen geraden Rand bildet.

FORMSATZ

Text, der um eine Form herumläuft.

GEVIERT

Ein Geviert ist die Schrifthöhe im Quadrat.

GRAUWERT

Viele »Gestalter« betrachten Text nur als Grauwert.

GROTESKSCHRIFTEN

Das sind die Schriften ohne Füßchen (Serifen). Ausgenommen sind Schmuck- bzw. Schreibschriften.

HALBFETT

Schriftschnitt zwischen normal und fett.

HALBTON

Anderes Wort für Schwarzweißfoto.

HEADLINE

Das englische Wort für Überschrift.

HERVORHEBUNGEN

So nennt man Auszeichnungen im Text wie z. B. fett oder kursiv.

HURENKIND

Die letzte Zeile eines Absatzes am Anfang einer neuen Seite.

INITIAL

Ein großer Anfangsbuchstabe.

ITALIC

Ein anderes Wort für kursiv.

KAPITÄLCHEN

Kleinbuchstaben, die aussehen, als seien sie Großbuchstaben. Es gibt auch DTP-Schriften, die echte Kapitälchen haben!

KAPITELÜBERSCHRIFT

Die steht meistens oben auf der Seite und verrät dem Leser, in welchem Kapitel er sich gerade befindet.

KONSULTATIONSGRÖSSEN

6-, 7-, 8- und in gewissem Sinne auch 9-Punkt Schriften. Man verwendet sie nur zum »Nachlesen«.

KURSIV

Das ist eine schräggestellte Schrift.

LAYOUT

Das englische Wort für Entwurf.

LEERZEILEN

Wie der Name schon sagt, eine Zeile, in der nichts steht.

LESBARKEIT

Am lesbarsten sind Antiquaschriften. Ansonsten wird dieses Thema gerne überbewertet.

LESEGRÖSSEN

10, 11, 12, 14 und neuerdings sogar 16 Punkt. 9 Punkt wird zwar auch verwendet, gehört aber eigentlich noch zu den Konsultationsgrößen.

LINIEN

Haarlinien sind die ganz feinen. Danach gehts immer in Punkt- bzw. Zwei-Punkt-Schritten. Die dünn-fett kombinierten Linien nennt man Oxfords und Cambridges.

LINKSBÜNDIG

Text, der auf der linken Seite eine gerade Kante bildet und rechts unregelmäßig lang ist.

MITTELACHSE

Text, der an einer gedachten Mittelachse zentriert wurde.

NORMALSCHNITT

Normaler Schriftschnitt.

OBERLÄNGE

Die Teile eines Buchstabens, die höher als die Kleinbuchstaben sind.

OBLIQUE

Eine kursive Schrift.

PAGINA

Seitenzahl.

PAGINIERUNG

Seitennumerierung.

PUNKTGRÖSSEN

Maßeinheit für die Bezeichnung der Schriftgröße. Es gibt zwei Sorten, den europäischen Punkt und das britisch-amerikanische Pica.

QUADRAT

Im typografischen Bereich die Grundform eines Buchstabens.

RASTER

Ein Schema oder Layoutgerüst. Oder etwas, das sich gleichmäßig, in einem vorgegebenen Gerüst, wiederholt. Dieser Begriff gilt sowohl für Gestaltungsraster als auch für Fotoraster.

RAUHSATZ

So nannte man früher den unbehandelten Satz, der noch nicht genau spationiert wurde.

RUNZELKORN

Damit bezeichnet man eine Rasterart, die unregelmäßig gerasterte Fotos ergibt.

SANSSERIF
Englisch für Groteskschrift. Es
bietet sich an zu glauben, es
handle sich um einen französi-
schen Ausdruck, aber nein, es
ist eine amerikanische Verdre-
hung, sehr komisch das Ganze.

SATZSPIEGEL
Der Raum einer Seite, auf der
das Gedruckte steht.

SCHRIFTART
Damit bezeichnet man den Stil
einer Schrift.

SCHRIFTGRÖSSE
Die Höhe der Schrift.

SCHUSTERJUNGE
Die erste Zeile eines Absatzes
als letzte Zeile einer Seite.

SERIFE
Die Füßchen der Antiqua-
schriften.

SPALTE
Eine Seite besteht in der Regel
aus mehreren Spalten, in der
der Text steht.

SPALTENHILFSLINIEN
Die Linien, die eine Seite in
Spalten einteilen.

SPATIONIERUNG
Kleine »Spatien« (dünne Mes-
sing- oder Kupferscheibchen),
zwischen denen Bleibuchsta-
ben stecken, um die Buchstaben und Wortabstände optisch
feinzutunen. Heute nennt man
das in neu-DTP-deutsch auch
gerne »kerning«.

SPIEKERMANNSCHER
LEHRSATZ
Gibt es bei zwei mit geringem
Abstand aufeinanderfolgenden
Zeilen auch nur jeweils eine
Unter- und Oberlänge, so tref-
fen diese beiden in 99 Prozent
der Fälle aufeinander und über-
lappen mehr oder weniger.

SPITZMARKEN
Kurze Textpassagen, die zum
Lesen des Textes verleiten sol-
len.

TABELLEN
Zahlen- oder Wortreihen, die in
Spalten untereinanderstehen.

TITELSATZ
Satz, der größer als, sagen wir
mal, 18 Punkt ist. Die einen

sagen, daß alles, was größer als 12 Punkt ist, schon Titelsatz ist, die anderen fangen erst bei 14˙ an, ich fange eben bei 18˙ an.

TYPOGRAFIE

Die Kunst bzw. das Handwerk, mit Schrift zu gestalten.

TYPOGRAFISCHER PUNKT

Der deutsch-französische Didot-Punkt, 0,376 mm. Der englisch-amerikanische Pica Point, 0,351 mm.

UNTERLÄNGEN

Das sind die Teile eines Buchstabens, die unter die untere Schriftlinie hinunterragen.

UNTERSTREICHUNGEN

Das ist eine Unsitte, die leider aus dem Gebrauch der Schreibmaschine in die Typografie übernommen wurde.

VERSALIEN

Großbuchstaben.

VERSALZEILEN

Zeilen, die ausschließlich aus Großbuchstaben gesetzt sind.

ZEILENBREITE

Die Länge einer Zeile.

ZEILENFALL

Meistens Zeilen-Unfall. Der Zeilenfall einer Überschrift sollte sinnvoll sein. Die Zeilen sollten nicht an unsinnigen Stellen getrennt werden. Das und ein gutes Aussehen unterscheiden einen guten Zeilenfall von einem schlechten.

ZWISCHENÜBERSCHRIFTEN

Das sind kleine Überschriften, die lange Textpassagen ein bißchen auflockern.

XYZ-UNGELÖST

Die alten typografischen Maßeinheiten wie Cicero (12 Punkt) und dergleichen sind heute nicht mehr wichtig. Deshalb möchte ich Sie damit auch nicht langweilen. Aber anstandshalber sei angefügt, daß es sich um ein Zwölfersystem handelte, das ungemein sinnvoll und praktisch war. Schade, daß es das nicht mehr gibt!